Monika Kuba

150 Limericks
Eine Reise durch Deutschland

Über die Autorin:

Monika Kubach ist die Mitbegründerin der neuen Trend-
sportart Nordic Cocooning, bei der man sich in eine
Baumwolldecke aus einem schwedischen Möbelhaus
wickelt, eine Stearinkerze aus Dänemark anzündet, einen Tee aus finnischem Preiselbeerpulver, heißem Was-
ser und Zucker trinkt und dazu einen Norwegerpullover
strickt. Fortgeschrittene sehen sich dabei noch nebenher
eine TV-Doku über Grönland an. (Sportmediziner bestä-
tigten bei einem von ihr bezahlten Mittagessen, dass
keine andere Sofasportart die Fingermuskulatur so in-
tensiv trainiert wie Nordic Cocooning.)

Bisher erschienen:

Gut gelaufen, Thisbe!

Monika Kubach

150 Limericks

Eine Reise durch Deutschland

Copyright © 2012 Monika Kubach
Herstellung und Verlag: BoD – Books on Demand, Norderstedt
ISBN 9783848227907
Copyright © Umschlagabbildung 2012 Monika Kubach

Bibliografische Information der Deutschen Nationalbibliothek

Die Deutsche Nationalbibliothek verzeichnet diese Publikation
in der Deutschen Nationalbibliografie; detaillierte bibliografische Daten sind im Internet über www.dnb.de abrufbar.

Dem Schwiegermamachen aus Aachen
man niemals konnt' etwas recht machen.
Drum versuch es nicht,
du armer Wicht!
Lern lieber darüber zu lachen!

Ein junger Verkäufer aus Aalen,
der trägt immer gerne Sandalen.
Dazu weiße Socken,
die war'n nie ganz trocken.
Der Ehefrau scheint's zu gefallen.

Mein Spediteur Hannes aus Achterwehr,
der hatte für heut' keinen Laster mehr.
Was soll ich machen?
Ich brauch' die Sachen!
Jetzt bringt er sie mit einem Frachter her.

Ein Messie aus Altglashütten,
der will gern sein Altglas hüten.
Doch es hat keinen Zweck.
Seine Frau bringt es weg.
Jetzt sammelt er statt Glas Tüten.

Der Wagen von Lina aus Anklam
des Morgens auf einmal nicht ansprang.
So fuhr sie dann
halt mit der Bahn.
Erstaunlich, dass sie pünktlich ankam!

Es ging die Brigitte aus Asbach
als Känguru zur Weiberfasnacht.
Von ihren Sprüngen
ihr zwei misslingen.
Ich hoffe, da bleibt nicht noch was nach.

Es singt der Tobias aus Aurich
im Männergesangsverein schaurig.
Die Melodie
erkennt man nie.
Ans Publikum denkt diese Sau nich'.

Ein Operntenor dort aus Backnang,
der ständig nur in einem Frack sang,
machte den Test
und stellte fest,
dass er auch gut in einem Sack klang.

Ein Lagerarbeiter aus Bad Bergzabern,
bei dem strenge Düfte durchs Lager wabern,
der macht gern Avancen
und gibt auf Annoncen:
„Bin Single und stinke und mag gern labern!"

Ein ängstlicher Mann aus Bad Doberan,
der hielt sich zum Schutz einen Dobermann.
Doch das blöde Vieh
biss Herrchen ins Knie.
Er wär' ohne Hund auch nicht doofer dran.

Ein älterer Rentner aus Baden-Baden,
der litt im Gedärm unter Fadenmaden.
Der sture Wicht
traut Ärzten nicht
und geht nur zur Kneipp-Kur die Waden baden.

Wenn bei Experimenten in Bad Pyrmont
wildes Gestöhn durch die Badtür kommt,
dann ist das nur
'ne Kreatur,
die ein Wissenschaftler dafür klont.

Der Angeber Tim aus Bad Segeberg,
der arbeitet dort in Karls Sägewerk,
erklärt der Damenwelt,
er sei ein Dramenheld.
Den Unterschied bald aber jede merkt.

Ein älterer Gärtner aus Bad Tölz
war großer Fan von dem Wolfgang Völz.
In 'ner irren Phase
schnitt er die Nase
von seinem Idol in das Gehölz.

Der saublöde Thomas aus Bad Reichenhall,
der stürzte und kreischte mit 'nem leichten Hall:
„Zu Hilfe, ihr Leute!"
Dabei sorgte heute
'ne Matte für einen extrem weichen Fall.

Die völlig versnobte Ruth aus Bad Wimpfen
tat über die Kranken nur die Nas' rümpfen.
Auf ihr Betreiben,
um fit zu bleiben,
lässt sie sich nun täglich vom Arzt nachimpfen.

Ein Sachbearbeiter aus Barmen,
der schwitzte viel unter den Armen.
Da kauft er (Hey!)
ein Deospray.
Nun stinkt er dort zum Gotterbarmen!

Zehn starke Bacchanten aus Bautzen,
die übten sich gestern im Tauzieh'n.
Doch das Kräftemessen
konnten sie vergessen.
Im Weg waren schnell ihre Plauzen.

Ein Lottogewinner aus Bayern,
der liebte es, Feste zu feiern
und mit vollen Händen
Geld zu verschwenden.
Nun wird er umkreist von den Geiern.

Da war mal ein Mann in Berlin,
der wollte viel lieber nach Wien.
Zwei gelbe Scheiben
ließ er beschreiben
und über die Ortsschilder zieh'n.

Den Nachbarn Hans-Otto aus Biberach,
den hielt immer nächtens ein Biber wach.
Statt Gift zu kaufen,
geht er nun saufen
und macht jetzt nachts selbst noch viel lieber Krach.

Ein alter Dachdecker aus Bielefeld –
laut krachend er durch eine Diele fällt.
Der Sanitäter,
ein Übeltäter,
ihm hilft nun endgültig aus dieser Welt.

So einem Konditor aus Bingen,
dem wollte kein Kuchen gelingen.
Da merkte der Knilch:
„Das ist zu viel Milch!
Jetzt muss ich den Teig erst auswringen!"

Ein alter Matrose aus Bingen,
der wollte so gerne mal singen.
Er sang recht tief
und furchtbar schief.
Man muss nur die Scham erst bezwingen!

Ein Souterrainmieter aus Bochum,
der fummelte am Kerzendocht 'rum.
Mit viel Spiritus
kam der Exitus.
So kam er dort in seinem Loch um.

Ein alternder Zottel aus Böblingen,
in dessen Bart längst schon die Flöh' springen,
lässt sich entlausen,
waschen, entzausen
und hinterher auch einen Föhn bringen.

Eine ältere Lady aus Bönen
wollt' sich endlich den Sekt abgewöhnen.
Dieser Entschluss
war ein Muss.
Denn jetzt kann sie mit Gin sich versöhnen.

Im Wellnessbad im schönen Braunschweig,
da machte sich Tim bei den Frau'n breit.
Bald ist er allein
und sieht ein:
Der Hilfsbademeister da kaum schweigt!

Der Violinist Kurt aus Braunschweig,
der gerne vor sehr schönen Frau'n geigt,
bildet sich viel ein,
liebt den schönen Schein.
Drum er sich den Hässlichen kaum zeigt.

Ein stinkfauler Mieter aus Bremen,
der konnt' sich nie dazu bequemen,
die Treppe zu polieren.
Und will man reklamieren,
spricht er wortreich von and'ren Themen.

'Ne hübsche Blondine aus Bremerhaven
traf im Urlaub einen bequemen Grafen.
Sie nahm ihn nur aus
und fuhr schnell nach Haus'.
Man muss ja nicht immer mit jedem schlafen!

Veronika kam aus dem netten Bretten
und traf in der Kneipe 'nen fetten Letten.
Er ist nicht zu retten,
schenkt ihr gold'ne Ketten.
Bald geht sie mit ihm in die Betten. Wetten?

Ein älterer Pfarrer aus Brühl,
der schläft gerne im Chorgestühl.
Schnarcht ab und an
ganz ohne Scham.
Ihm fehlt da wohl das Feingefühl.

Es prüfte der Olli aus Bühlertal
die Motortemperaturfühlerzahl.
Sie ist bedenklich
und nicht hinlänglich.
Deshalb kontrolliert er den Kühler mal.

Die nette Annette aus Celle,
die wollte mal so auf die Schnelle
zum Bäcker fahren.
Dem Bäckerwagen
verpasste sie dabei 'ne Delle.

Spricht ein Manager aus Cottbus
so ganz plötzlich immerfort Stuss,
dann weiß nun fast
ein jeder, dass
der ganz dringend auf den Pott muss.

Einst hörte ein Mörder aus Cottbus,
dass er für die Tat aufs Schafott muss.
An Flucht er dachte!
Am Morgen machte
der Henker damit aber flott Schluss.

Ein einsamer Bauer aus Darmstadt,
der Frauen gern auf seiner Farm hat,
eröffnet ein Spa
noch im selben Jahr,
wo Nackte sich tummeln im Warmbad.

Die Müller-Brigitte aus Daxlanden,
die wollte so gerne beim Max landen.
Doch er fand sie zu rund.
Das ist wohl der Grund,
warum sie in ihm eine Axt fanden.

Der dünne Johannes aus Dieburg,
der ist so ein ganz toller Chirurg,
der bis in die Nacht
tolle Schnitte macht.
Da kommt wohl bei ihm das Genie durch.

Die Huber-Marliese aus Dobel
nervt uns sehr mit schrägem Gejodel.
Wir nennen sie
nur „Dummes Vieh!".
Wir sind da halt ganz ungehobelt!

Ein Angeber aus der Stadt Dortmund
tat ständig und auch immerfort kund,
er könne sitzen
auf Eisenspitzen,
doch beim Beweis wurde sein „Ort" wund.

Ein Schauspieler aus der Stadt Dresden,
der liebte dramatische Gesten.
Er fand nie ein Ende,
darum jeder pennte.
Drei Zuschauer fast schon verwesten.

Ein Sachbearbeiter aus Düsseldorf,
der fand plötzlich seine zwei Füß' amorph.
Sein Arzt riet zum Sport
an gesundem Ort.
Jetzt sticht er zum Ausgleich in Füssen Torf.

Ein stinkfauler Jüngling aus Echterdingen
der konnte sich nur noch als Knecht verdingen.
Schuftet er dann
mit viel Elan,
kann er es noch zum Ziegenwächter bringen.

Traf ein Gigolo aus Edenkoben
eine reiche Witwe (sehr verschroben).
Fast hätt' er erreicht,
dass ihr Herz erweicht.
Doch sein Toupet hat sich quer verschoben.

Die Bäuerin Grit aus der Eifel,
beschlichen nun doch starke Zweifel,
ob ihr Ehemann
richtig duschen kann,
und schrubbte ihn ab mit viel Seife.

Ein steinreicher Lüstling aus Eisenach
bei der schönen Lisa das Eise brach.
Und die Affäre
gewann an Schwere.
Jetzt läuft sie für Geld diesem Greise nach.

Ein Konditor aus dem alten Erding,
dessen Ware auf der Zunge zerging,
brach alle Rekorde
mit der schönsten Torte,
die sich dann in den Schwingtüren verfing.

Die mannstolle Britta aus Erfurt,
die dachte sich heute: „Mann, der Kurt,
wär was für mich!"
Darum sie sich
schick anzieht und ihm hinterhergurrt.

Die Bulldogge Greta aus Erfurt,
die im Alter noch seltener spurt
(Beim Frauchen geht's noch.
Da kommt sie dann doch.),
dem Herrchen nur bös' hinterherknurrt.

Ein Autoverkäufer aus Essen,
der hatte die Daten vergessen.
Ein Kunde kam.
Was macht man dann?
Er musste den Hubraum ausmessen.

Zwei recht flotte Mädels aus Ettlingen,
die sollen sehr gut im Duett klingen.
Ein Agent hört sich's an,
engagiert beide dann.
Jetzt darf er die Damen ins Bett bringen.

Drei Kleinkinder aus der Stadt Feuchtwangen,
die hatten vom Fieber gar Leuchtwangen,
Husten und Schnaufen
und Naselaufen.
Passt auf! Denn man kann sich die Seuch' fangen.

Ein Hobbyfotograf aus Filderstadt,
der im Album ganz viele Bilder hat,
konnt' sich niemals bequemen,
seine Frau aufzunehmen.
Jetzt hat ihn nach Jahren die Hilda satt.

In der Galerie „Kurt" in Filderstadt
fand eine Ausstellung der Bilder statt.
Erst als ich da war,
wurde mir rasch klar,
warum das Zeug keine Preisschilder hat.

Ein Troll kam mal in unser Forum,
und wusste wohl gar nicht recht, worum
es dort geht.
Drum er steht
im Fettnapf ganz ohne Dekorum.

Der fette Matthias aus Frankfurt
vollführte beim Schulsport 'nen Wankspurt.
Prompt fiel er hin,
verletze sein Kinn.
Im Krankenhaus er alle krankmurrt.

Ein Kneipenbesucher aus Fürth,
der hatte Geldschulden beim Wirt.
Man ließ es ihn fühlen
und Gläser abspülen.
Nun weiß er, wohin so was führt!

Ein Autorennfahrer aus Furtwangen,
dessen Ohren ihm bei jedem Spurt klangen,
fuhr viel zu schnell
in ein Tunell.
Beim Unfall ist er dann im Gurt g'hangen.

Ein Arbeiter aus der Stadt Gießen
vergaß, seine Chefin zu grüßen.
Diese war sehr erbost
und entließ ihn fristlos.
Jetzt kann er die Freizeit genießen.

Ein irrer Vertreter aus Gondelsheim
von Venedig fuhr mit einer Gondel heim.
Nach sieben Tagen
muss er sich fragen:
„Was soll an dem Ding so besonders sein?"

'Nem Heiratswilligen aus Gorleben
so einige Wünsche zwar vorschweben:
Blonde Haare, lange Beine
und Vermögen. Aber keine
ihn haben will mit seinem Vorleben.

Ein Frauenchormitglied aus Grötzingen,
das konnte nun leider nur blöd singen.
Drum meint der Flötist:
„Damit sie still ist,
soll man ihr recht schnell eine Flöt' bringen."

Die Annegret aus der Stadt Gummersbach,
die wurde stets bei großem Kummer schwach
und aß zum Trost
Meertier auf Toast.
Doch in der Nacht hielt sie der Hummer wach.

Ein Autobahnraser aus Hagen,
der fuhr einen klapprigen Wagen.
Auf einen Trip
nahm er mich mit.
Schon drehte sich um dort mein Magen.

Ein Herrenausstatter aus Halle
bleibt im Beruf immer am Balle.
Der Preis für ein Hemd
erscheint mir sehr fremd.
Im Geld ich mich besser verkralle.

Es liebte der Hannes aus Hameln,
geschnitzte Figuren zu sammeln.
Er kaufte wie verrückt
so etwa hundert Stück.
Im Keller jetzt alle vergammeln.

Der Herbert aus Bult in Hannover
war leider sehr lahm und viel doofer
als seine Braut.
Drum er sie haut.
Jetzt sucht sie sich schnell einen Lover.

Die nette Luise aus Heidelberg,
die bastelte abends 'nen Heidezwerg.
Am Morgen der Schreck:
Der Zwerg war weg!
Da war doch mit Sicherheit Neid am Werk!

Ein Vermögensverwalter aus Heilbronn,
der lebte zum allergrößten Teil von
dem Geld seiner Kunden.
Drum wurd' er gefunden
mit 'ner Kopfwunde, die vom Beil kommt.

Der Rüdiger aus dem Ort Hinterzarten
wollt' eine Skischule für Kinder starten.
Er inserierte wie nie
und wachste die Ski.
Jetzt muss er nur noch auf den Winter warten.

Pantoffelheld Rudi aus Hof
war gestern anscheinend zu doof,
sein Geld zu verwalten,
und gab's seiner Alten,
die es mit Genuss dann versoff.

Ein Arbeitsvermittler aus Iserlohn
fand meine drei Zeugnisse mieser schon
als ich sie fand.
Darum per Hand-
schlag bot er mir nur einen fiesen Lohn.

Die Annegret aus der Stadt Itzehoe,
der immer missfiel diese Hitze so,
hasst ums Verrecken
ihre Schweißflecken
und auch ihren ständig verschwitzten Po.

Ein ehrlicher Kaufmann aus Kandel,
der klagte sehr über den Wandel
in seiner Zunft.
Drum in Zukunft
da treibt er nun auch Aktienhandel.

Die feine Marie aus Karlsruhe
besaß eine große Zahl Schuhe.
Muss sie das bereuen?
Wohin mit den neuen?
Jetzt stopft sie sie schnell in Karls Truhe.

Ein Babybetreuer aus Kassel
befand sich in großem Schlamassel.
Zu seinem Schreck
war der Schnuller weg!
Als Ausweg blieb nur noch die Rassel.

Die sehr sportliche Ingrid aus Kiel
kam beim Marathon wankend ins Ziel.
Das folgende Fest
gab ihr dann den Rest.
Und vom Hocker sie kopfüber fiel.

Ein bildhübscher Junge aus Kleve
der war ein begabter Eleve.
Doch der Fuß schmerzte sehr,
denn Ballett ist sehr schwer.
Drum sucht er jetzt Trost im Genever.

Ein saublöder Macho aus Koblenz
benahm sich stets wie so ein Grob-Stenz.
Hat affige Klamotten
und dämliche Marotten.
Bald fährt er auf dem Weg zum Klo Benz.

Ein schussliger Gastwirt aus Köln
hört Gäste um Hilfe laut gröl'n:
„Wir kommen aus
dem Klo nicht raus!
Du musst dieses Türschloss mal öl'n!"

Einer glücklichen Hausfrau aus Krefeld
fällt auf, dass die Dose mit Tee fehlt.
Sie kauft so ein Teil,
doch das nützt nichts, weil
auf dem Heimweg das Zeug in den See fällt.

Ein Kneipenbesucher aus Leipzig
(Beim Trinkgeld war er immer geizig.)
Fand 'raus, dass der Wirt
immer reicher wird.
Das Saufen er nun ganz verkneift sich.

Zwei Malermodelle aus Leverkusen,
die waren ehrgeizige Streber-Musen.
Doch der Künstler
malt ein Münster.
Das können die beiden nur schwer verknusen.

Die Tochter des Hannes aus Lippstadt,
der Geld und ein Herz aus Granit hat,
fragte salopp
'nen Killer, ob
vielleicht er für sie einen Tipp hat.

Der Markus aus Lotte-Halen,
der litt auf dem Potte Qualen.
Eine Heilerin
dann heilte ihn.
Jetzt muss er sie flott bezahlen.

Ein lustiger Bauer aus Ludwigshafen,
der konnte nachts leider nicht ruhig schlafen.
Er konnt' sich beim Zählen
auch noch so quälen:
Er war nur Besitzer von fuffzig Schafen.

Die Personalchefin aus Magdeburg
las gründlich und laut meine Akte durch.
Doch am Ende
kam die Wende:
Da wollte mich nicht die beknackte Gurk'!

Dieser streitbare Michel aus Mainz
lag im Clinch mit dem harmlosen Heinz.
Aufschrieb den Wagen,
wollt ihn verklagen,
doch das Falschparkerauto war seins.

Der hübsche René aus Malente,
der hatte galante Talente.
Das gefiel Damen,
die darauf kamen,
zu schenken ihm eine Bar-Rente.

Die Rentnerin Helga aus Mannheim
geht nie nach dem Bingo zum Mann heim.
Ganz undercover
geht sie zum Lover.
Sie muss da wohl in seinem Bann sein.

Der Killer-Matthias aus Marbach
floh nach einem Mord über Marks Dach.
Doch er fiel hin,
und man sah ihn.
Denn Marks Bettgenossinnen war'n wach.

Den dicken Johannes aus Mettmann,
den riefen die Kinder nur „Fettmann".
Er muss jetzt laufen,
fängt an zu schnaufen
und macht sich 'ne Stulle mit Mett dann.

Ein wuchtiger Mörder aus Minden,
der konnte es niemals verwinden,
dass er dumm
war, und darum
ließ er gern die Schlauen verschwinden.

Ein Villenbesitzer aus München
ließ seine drei Häuser neu tünchen.
Statt dem weißen Topf
nahm der Malertropf
den grünen. Nun will man ihn lynchen.

In dem großen Mietshaus in Münster
Ist's auf einer Treppe stockfinster.
Dem Lampengestirne
fehlt leider die Birne.
Der Hauswirt es findet so günst'ger.

Der Müsli-Fan Jochen aus Mutterstadt
einst hatte das trockene Futter satt.
Er brachte Fisch
auf seinen Tisch.
Gut ist, dass sein Schwager 'nen Kutter hat.

Die junge Sabine aus Norden
war gestern grad achtzehn geworden.
Zur Party lud sie nett
ein paar im Internet.
Doch kamen dann leider die Horden!

Der Schriftsteller Theo aus Norderstedt
war in einer Kneipe ja so beredt!
Bei dem Gelaber
es trotzdem aber
mit seinem Roman gar nicht vorwärts geht.

Der Bildhauer Manfred aus Nürnberg,
der brauchte ganz dringend dort für'n Werk
Adonis-Modelle.
Jedoch auf die Schnelle
fand er per Annonce 'nen dürr'n Zwerg.

Es kann sich ein Dackel aus Oberhausen
vor harmlosen Tierärzten so sehr grausen.
Er jault dann immer
im Wartezimmer.
Dabei will man nur seinen Po entlausen.

Diese zwei Verliebten aus Oberstaufen,
die seit Jahren sich im Heuschober raufen,
sollten sich nicht winden
und 'nen Haushalt gründen,
noch bevor sie ihr Kind dann „Robert" taufen.

Bei Rüdigers Villa im Odenwald
war immer der ganze Fußboden kalt.
Drum er sehr stur
zum Laden fuhr,
und sich dort zwei Puschen aus Loden krallt.

Der Teenager Kevin aus Oggersheim,
der lud sich zum Skatspiel zwei Zocker ein,
die fünf Asse brachten
und ihr Glück so machten.
Beim Ablenken muss man ganz locker sein.

Der junge Tobias aus Oldenburg,
der brannte dort mit seiner Holden durch.
Auf sie ganz versessen
hat das Kondom er vergessen.
Jetzt haben die zwei vor den Folgen Furcht.

Die ältere Dame aus Osnabrück
hat zum Kaffee zwölf Petit Fours verdrückt.
Dann wurd' ihr schlecht.
Geschieht ihr recht!
Danach nahm sie auch noch ein rosa Stück.

Die Sprinterin Kisten aus Paderborn
lag bei einer Olympiade vorn.
Doch mittendrin
fiel sie dann hin.
Nun hat sie dort Angst vor dem Kaderzorn.

Es brachte ein Mädchen aus Pforzheim
'ne blöde Idee aus dem Hort heim:
Will man 'nen Mann wählen,
um sich zu vermählen,
dann sollte er mindestens Lord sein.

Wenn der Gangsterboss Rudi aus Pinneberg
mit dem Daumen sanft über die Klinge fährt,
dann kann er erreichen,
dass alle erbleichen,
und danach jeder in seinem Sinn verfährt.

Bei einer Blondine aus Potsdam,
da standen die Männer aufs Wort stramm.
Nur Kurt allein
sieht das nicht ein,
weshalb sie zu ihm mit aufs Boot kam.

Da gibt's diesen Erwin in Radegast,
der Frauen ganz dreist an die Wade fasst.
Man ihn dann verklagte.
Jetzt hat er 'ne Akte,
die nicht mehr in seine Schublade passt.

Zur Freundin im fernen Recklinghausen
will samstags der tolle Fred hinsausen.
Nach Stunden im Stau
fühlt er sich ganz flau.
Die Zicke jedoch lässt steh'n ihn draußen.

Dieser Hilfsapotheker aus Rosenheim
brachte Pillen in größeren Dosen heim.
Sie waren abführend.
Es ist ja so rührend:
Denn jetzt passt auch sein Bauch in die Hosen 'rein.

Ein Hundeliebhaber aus Rüdesheim,
der brachte 'nen blutjungen Rüden heim.
Der machte sich dann
an ein Tischbein 'ran.
Da darf man dann eben nicht prüde sein.

Bei dem Sonntags-Tanztee in Rust
verspürte ein Greis große Lust,
eine Dame zu treffen.
Doch er traf nur den Neffen.
Da ging er nach Hause mit Frust.

Ein kleinerer Hund aus Saarbrücken,
der hatte im Maul zwei Zahnlücken.
Dem Tierarzt er fies
den Finger abbiss.
Der Arztberuf hat nun mal Tücken!

Ein Wirtshausbesucher im Saarland
heut' in seiner Suppe ein Haar fand.
Er beschwerte sich nicht,
sondern aß das Gericht.
Im Nachtisch fand er dann ein Haarband.

Der Schutzpolizist Max aus Schifferstadt,
der hatte am Marktplatz die Kiffer satt.
Doch zum Ortstermin
kam er dann nicht hin,
denn bei seiner Uhr fehlt das Zifferblatt.

Ein Hosenmatz aus der Stadt Schwelm
(Er war manchmal ein kleiner Schelm!)
hat die Wälzer oben
dreist hervorgezogen.
Zum Glück trug er den Fahrradhelm!

Es fuhr der Karl-Heinz aus Schwerin,
zur Tanke. Er brauchte Benzin.
Plötzlich er wankte
und Diesel tankte.
Sein Auto hat ihm nie verzieh'n.

Es sagt ein Magier aus Siegen,
er könne die Löffel verbiegen.
Dann dimmt er das Licht,
denn wir sollen nicht
die Drähte dort zu sehen kriegen.

Die kleine Sofia aus Sindelfingen
ging mit ihrem Bruder zum Kindelsingen.
Er sang brutal
ganz atonal.
Man musste ihr schnell eine Windel bringen.

Dem Jäger Pascal aus dem Spreewald,
dem blieb das Ragout mit dem Reh kalt.
Mit der Anleitung zum Ofen
kann er nun nur noch hoffen,
dass er hat heraus diesen Dreh bald.

Die ältere Hilde aus Stade
erinnert sich leider nur vage,
wohin ihr Gebiss
verschwunden wohl is'.
Vielleicht in die Küchenschublade?

Der junge Joachim aus Staffort
wollt' unbedingt aus diesem Kaff fort.
Drum zog er weg –
und zwar nach Spöck.
Und so wohnt er jetzt halt zur Straf' dort.

Ein alternder Winzer aus Staufen,
der wollte so gern Wein verkaufen.
Doch im Fass der Dreck
die Kunden verschreckt.
Jetzt kann er das Zeug selber saufen.

Wenn früher man sah in Steinmauern,
wie Diebe bei einem Schwein kauern.
Da war man nicht bange
und klagte nicht lange.
Dann ließ man sie einfach einmauern.

Ein wütender Mann aus Stralsund
tat dortigem Magistrat' kund:
„Dreiste Mahnschreiben
lasst besser bleiben!
Verschont mich mit eurem Stadtschund!"

Die schrullige Gaby aus Stuttgart,
die auf ihrem Kopf einen Dutt hat,
lebt streng abstinent
und ist arg verklemmt,
weshalb sie stattdessen viel futtert.

Ein Eiskunstlaufpärchen aus Thüringen
beim Wettkampf muss sehr mit der Kür ringen.
Prompt wurden sie Letzte,
was sie sehr verletzte.
Jetzt darf er sie nur bis zur Tür bringen.

Der Säufer-Andreas aus Trier
einst führte sich auf wie ein Stier.
Man band ihn an.
Der Doktor kam
und gab ihm statt Spritzen ein Bier.

Der blonde Johannes aus Trier,
der spielt so gern lautstark Klavier.
Doch jeder beschwert sich.
Das Mietshaus schon leert sich.
Ab morgen wohnt er über dir.

Ein zittriger Butler aus Tuttlingen,
der wollte der Dame den Hut bringen.
Der aber – ach –
fiel in den Bach.
Jetzt muss er ihn erst einmal gut wringen.

Der junge Matthias aus Vorbach
steht nachts gern lang unter dem Vordach
und knutscht dort mit
der feschen „Britt",
der offenbar ihm da was vormacht.

Der sportliche Tim aus Waldbronn –
beim Laufen lag er schon bald vorn.
Doch stürzte er
vorm Ziel recht schwer.
Zum Trösten trinkt er jetzt halt Korn.

Ein Dichtergenie aus Walsrode
kam plötzlich dort ganz groß in Mode.
Denn er schrieb nur
was zur Natur
und langweilt mich jetzt fast zu Tode.

Der Segelsportfan Kurt aus Wasserburg,
der hielt mal die ganze Regatta durch.
Am Ziel sprach dann
ein alter Mann:
„Schaut, Kinder, da kommt ja ein nasser Lurch!"

Zu Hildegarts Party in Wattenscheid
kommt Elke in einem hauchzarten Kleid.
Sie muss warten
im Vorgarten.
Pech, dass es da Flocken wie Watte schneit.

Das Auto von Willi aus Weingarten,
das konnte im Winter kein Schwein starten.
Er probierte es lange,
und ihm wurd' richtig bange!
Jetzt muss er auf seinen Freund Hein warten.

Dem Onkel Karl-Wilhelm aus Weinheim,
dem fiel stets zu allem ein Reim ein.
Und bei jedem Fest
gab er uns den Rest.
Jetzt lädt ihn deshalb wohl kein Schwein ein.

Beim Familientreffen in Westerbeck
hat Bert schon den Tisch für das Fest gedeckt,
den Raum dekoriert,
'ne Band engagiert.
Doch leider vergaß er das Essbesteck.

Der kleine Andreas aus Westerkappeln
mag gern sich mit seiner Halbschwester kabbeln.
Sie schubste ihn,
und er fiel hin.
Bevor's weitergeht, muss er sich erst berappeln.

Ein Liebespaar kam dort aus Westerland.
Ein tiefes Gefühl sie sehr fest verband.
Doch dann besann,
sich doch der Mann.
Jetzt bittet er um ihrer Schwester Hand.

Ein Anlageprofi aus Wiesbaden
ging mit seinen Aktien ganz mies baden.
Das Geld war nicht seins.
Da gibt es nur eins:
Jetzt muss er als Nebenjob Kies laden.

Die Anna-Verena aus Wismar,
die kaufte ein schönes Glas-Prisma.
Wenn die Frage auftaucht,
wozu man das braucht,
die Antwort sich findet gewiss mal.

Die Gärtnerin Inga aus Wittenberg,
die erntete dort einen Quittenberg.
Erst ekliger Duft.
Dann flog's in die Luft.
Passiert nur, wenn es in der Mitte gärt.

Die hübsche Andrea aus Wuppertal
litt fürchterlich an einem Muttermal.
Am Inselstrand
'nen Arzt sie fand.
Zur Hinfahrt lieh sie sich den Kutter mal.

Ein Mann (Mitte Vierzig) aus Xanten
besuchte einmal alte Tanten.
Er stieg aus dem Zug
im Konfirmandenanzug,
damit sie ihn wiedererkannten.

Ein Internetnutzer aus Zwickau,
der hat einen ganz fiesen Trick drauf.
Unter Pseudonym
nervt er anonym.
Taucht er auch bei dir mit 'nem Nick auf?

Bereits erschienen:

Monika Kubach

Gut gelaufen, Thisbe!

Ida Obersteyns Tagebuch 2011
Eine Satire

Aus einem Interview mit Ida Obersteyn vom 13.2.2012:
„(…) Als Mutter von sechs Kindern bin ich natürlich automatisch eine Multitasking-Expertin. Anders könnte man eine so große Familie auch gar nicht so erfolgreich managen. Ich kann zum Beispiel gleichzeitig die Spülmaschine laufen lassen, mit einer Freundin telefonieren, auf ein Paket warten, die Wäsche trocknen, die Fertigpizza im Ofen backen, unsere große Tochter beim Putzen beaufsichtigen und den Zwillingen über die Köpfchen streichen, wenn sie an mir vorbeirennen. Mein Mann kann immer nur eine Sache auf einmal. Männer sind eben vom Mars und wir Frauen vom Vesuv. (…)"

Broschiert – 168 Seiten
ISBN-13: 978-3844818918
Preis: 10,50 € (Stand 2012)